für

meine Frau Annika

Hendrik Bowe

# Geschichten von der Bockiburg

-

# Schnuppe

Illustrationen Daniela Frenker

Dieses Buch gehört

______________________________

Bibliografische Information der Deutschen Nationalbibliothek:

Die Deutsche Nationalbibliothek verzeichnet diese Publikation in der Deutschen Nationalbibliografie; detaillierte bibliografische Daten sind im Internet über dnb.dnb.de abrufbar.

Deutsche Erstausgabe 2016

Mail: info@bockiburg.de
Umschlaggestaltung: Hendrik Bowe
Illustrationen: Daniela Frenker
Lektorat: Roswitha, Annika & Gebhard Bowe
Herstellung und Verlag:
BoD - Books on Demand, Norderstedt
ISBN 9783739237978

## Was bisher geschah...

Der oft schlecht gelaunte junge Ritter Bocki lernte beim Pilzesuchen den kleinen Halbschrat Akki kennen. Beide freundeten sich schnell an. Das Besondere an Akki ist, dass er Schrumpfschrat-Popel und Riesenschrat-Popel herstellen kann. Wird ein Lebewesen oder ein Gegenstand von einem Popel getroffen, wächst oder schrumpft er. Das erfuhr zuerst Agathe Spinate, die Köchin von Bocki, die für einen kurzen

Augenblick auf die Größe einer Maus schrumpfte.

Als Akki am nächsten Tag seinen Freund auf der Bockiburg besuchte, brachte er ein merkwürdiges, großes Ei mit. Da

Bocki am gleichen Tag eine Einladung von seinem Freund Jubelius aus Münster bekommen hatte, legte er am nächsten Morgen das Ei in sein Bett und ritt auf seinem Pferd „Schneller Wind“ los. Unterwegs entdeckte der Ritter seinen kleinen Freund, der sich in der Satteltasche versteckt hatte. Akki versprach Bocki, sich nicht zu zeigen.

In Münster angekommen, berichtete

Jubelius von merkwürdigen Dingen, die in seiner Fahrradwerkstatt passierten. Akki ging der Sache nach und lernte den Kobold Belito kennen. Bei der Verabschiedung am nächsten Morgen schenkte der Halbschrat dem Kobold ein Moosbeeren-Bonbon. Würde Belito das Bonbon schlucken, stünde er sofort vor der Bockiburg in der Ukraine. So könnte Belito Akki bald besuchen.

Der Ritter und der Halbschrat ritten zurück. Als Bocki seine Kemenate betrat, war alles verwüstet. Unter seiner Decke im Bett lag ein schlafender, junger Drache...

## Das Moosbeeren-Bonbon

Belito konnte es kaum aushalten. Tag für Tag betrachtete er das rotbraune Moosbeeren-Bonbon, das Akki ihm geschenkt hatte. Sieben Tage waren seit der Feier vergangen. Sieben lange Tage, an denen er täglich kurz davor war, das Bonbon zu schlucken, es dann aber doch nicht tat. Doch heute sollte es soweit sein. Belito saß auf der Tischkante in der Fahrradwerkstatt und schaute auf das Moosbeerenbonbon, das neben ihm lag. *Ob das wirklich funktioniert?,* dachte der Kobold. *Stehe ich gleich tatsächlich auf der Zugbrücke vor der Bockiburg?* Vertieft in seine Gedanken griff er nach dem Bonbon. In dem Moment öffnete sich mit einem Knarren die Werkstatttür. Belito blickte hoch, sah Jubelius und versteckte sich in Sekundenschnelle hinter den Kartons im Metallregal. *Das war knapp!* Der Kobold holte tief Luft. Als er zwischen den Pappkartons vorsichtig zum Tisch sah, bekam er einen Schreck. Was hielt Jubelius in seinen Händen? Belito blickte voller Panik auf den Boden neben sich. Seine Blicke wanderten vor und neben den Kartons entlang und folgten dem Weg, den er vom Tisch hierher gerannt war. Doch er fand nicht, wonach er suchte. War es so, dass Jubelius das Beerenbonbon in den Händen hielt? Der Kobold sah wie gebannt zum

BOCKIBURG
MÜNSTER
NEIN
Jubeli
Münster

Werkstatttisch hinüber. *Was macht Jubelius denn jetzt? Steckt er sich das Bonbon in die Nase?*

Jubelius roch an dem Moosbeeren-Bonbon und betrachtete es genau von allen Seiten. Er öffnete den Mund und schloss die Augen. Jetzt war das Bonbon schon fast in seinem Mund. *Gleich steht Jubelius auf der Zugbrücke!* Belito war den Tränen nahe, aber er konnte nichts machen. Er hatte sich doch so gefreut, Akki wiederzusehen und Bocki kennenzulernen. Doch dann öffnete Jubelius seine Augen wieder, schüttelte kurz den Kopf und warf das Beerenbonbon in den Mülleimer unter dem Tisch. Kaum hatte er sich weggedreht, rannte Belito auch schon zum Mülleimer und sprang hinein. Es schepperte und raschelte. Jubelius drehte sich um, schnappte sich den Mülleimer und blickte hinein. Augenblicklich steckte Belito sich das Bonbon in den Mund und schluckte es runter.

## Wohin?

Vor ihm lagen das große Burgtor, die Felsenmauer und der Burghof. Belito selbst stand auf der Holzbrücke und hatte einen süßlich, fruchtigen Geschmack im Mund. *Es hat tatsächlich geklappt,* dachte er. *Und nun?* Er hatte mit Akki keine Vereinbarung getroffen, wo er hingehen sollte. Also gab es zwei Möglichkeiten. Entweder konnte er jetzt direkt über die Zugbrücke durch das Tor auf den Burghof huschen, Bocki suchen und sich vorstellen. Oder er würde sich umdrehen, in den Schratwald gehen und Akki suchen. Belito entschied sich für den Wald. Doch bevor er sich auf den Weg machte, ging er zum Rand der Zugbrücke und sah direkt unter sich den Moosbeerenstrauch. Ein paar Beeren waren zum Greifen nahe, doch seine Arme waren zu kurz.

Belito verließ die Brücke und betrat den Waldweg. Das Rascheln der Blätter, das leichte Heulen des Windes und die hohen Bäume um ihn herum beunruhigten ihn. Er begann deshalb ein Lied zu singen. Nach einiger Zeit verließ Belito den Weg und betrat den Wald, der zunehmend dichter und dunkler wurde. Sein Lied unterbrach er immer häufiger, um den Namen seines Freundes zu rufen. Doch von Akki war weit und breit keine Spur. *„Ich suche gerade die Nadel im Heuhaufen"*, grummelte Belito und entschied sich dafür, zur Burg zurückzukehren. Doch nun trat das nächste Problem auf. Er hatte sich den Weg nicht gemerkt und stand nun irgendwo in einem fremden Wald in der Ukraine. Er schaute sich um, doch er entdeckte nichts Vertrautes. Verzweifelt lehnte er sich an einen Baumstamm und ließ sich zu Boden sinken. Er fühlte die feste Baumrinde im Rücken und weiches Moos unter sich. In Gedanken glitten seine Hände über den Moosteppich und

ertasteten einen kleinen Ast. Belito griff zu und betrachtete das Holzstück. Im ersten Moment war es ein ganz gewöhnlicher kurzer Zweig, etwas länger als seine Finger. Das eine Ende war dicker und in sich verdreht. Als er genauer hinsah, bemerkte er eine Öffnung und ein kleines Loch in der Mitte. Da der Ast wie eine Pfeife aussah, blies Belito erst sanft dann fester hinein. Ein schwacher, tiefer Ton breitete sich um den Kobold herum aus. Für einen kurzen Augenblick kam es Belito vor, als würde alles erstarren. Kein Blätterrauschen, kein Knarren und Knacken, ja selbst die Vögel wurden still und lauschten. Belito sah sich die Holzpfeife noch einmal genau an. Da sauste plötzlich ein kleiner Schatten über die Bäume hinweg. Der Kobold blickte nach oben, konnte aber durch das dichte Blätterdach nur wenig erkennen. Noch einmal bemerkte er den Schatten. Belito stand auf. Was konnte das gewesen sein? Für einen Vogel waren die Umrisse zu groß. Die Form erinnerte mehr an eine Fledermaus mit spitzem, langem Schwanz. Gebannt schaute Belito nach oben. Gerne hätte er das fliegende Wesen erneut erblickt. Doch nichts passierte. *Vielleicht sehe ich den Schatten noch einmal, wenn ich ihm folge.* So machte sich Belito schnellen Schrittes auf den Weg. Nach kurzer Zeit lichtete sich der Wald und graue Steine

einer Burg kamen immer deutlicher zum Vorschein. Vor ihm lag die Bockiburg. Erleichtert verließ der Kobold den Wald, ging über die Zugbrücke und betrat zögerlich den Burghof.

## Was ist denn hier los?

Als er sich umblickte, bemerkte er die vielen Glasscherben neben einem steinernen Eingang. Merkwürdige Geräusche drangen schräg oberhalb aus einem Zimmer. Es hörte sich an, als ob jemand mit einem Tuch oder Stück Stoff wild um sich schlug. Immer wieder schepperte und klirrte es. Das war besonders gut zu hören, da beide Fensterscheiben kaputt waren. Ein paar Federn segelten gerade durch die Fenster und sanken nach unten. Belito drückte sich an die Burgmauer und schlich an ihr entlang bis zum Eingang. Vor ihm lagen Steinstufen, die nach oben führten.

Oben auf der letzten Stufe saßen zwei unterschiedlich große Gestalten. Beide hatten die Ellenbogen auf den Knien und vergruben ihr Gesicht in ihren Händen.

„Akki, mein Freund!", schrie Belito und sprang die Treppenstufen hinauf.

Sofort erhellte sich der Blick von Akki und sie umarmten sich fröhlich!

„Ich freue mich, dich zu sehen."

Im selben Augenblick flog etwas von innen gegen die Holztür. Belito erschrekte sich sehr und wich einen Schritt zurück, während Akki und Bocki sich nicht bewegten.

„Was ist hier los?"

„Nun ja, du kommst zu einem unglücklichen Zeitpunkt. Ich habe dir doch von dem Ei erzählt, nicht wahr? Aus diesem Ei ist ein Drache geschlüpft, während wir bei dir in Münster waren. Dieser Drache ist nun schon eine Woche hier in der Kemenate von Bocki und treibt sein Unwesen."

Erneut flog etwas gegen die Tür. Holz knackte.

Akki erzählte weiter. „In den ersten Tagen haben wir noch für einen kurzen Augenblick die Tür aufgemacht und ihm Futter in das Zimmer geworfen. Doch das trauen wir uns jetzt nicht mehr. Es ist unglaublich, wie schnell er wächst. Gerade eben dachten wir, es wäre vorbei. Denn da ist der Drache durch das Fenster gesprungen und über die Burgmauer hinweg Richtung Schratwald geflogen. Doch kurze Zeit später kam er zurück. Ich möchte nicht wissen, wie es in der Kemenate aussieht."

Bocki, der ebenfalls die Hände aus seinem Gesicht genommen hatte, schaute mit großen, aber müden Augen den Kobold an.

„Ach, wie unhöflich von mir", unterbrach Akki seine Erzählungen. „Das hier ist Ritter Bocki. Und das hier ist..."

„... unser Freund Belito, der Kobold aus der Werkstatt von Jubelius.", beendete Bocki den Satz. „Herzlich willkommen auf der Bockiburg!"

Doch Belito wirkte abgelenkt. *Konnte es sein, dass der Schatten im Wald dieser Drache war? Hatte seine Astpfeife vielleicht etwas damit zu tun?* Belito zog die Pfeife aus seiner Hosentasche und blies hinein. Augenblicklich herrschte Stille.

„Es freut mich sehr, dich kennenzu-lernen!“, flüsterte Belito und streckte seine Hand nach oben. Bocki ging in die Knie, schüttelte langsam die Hand und flüsterte ebenfalls.

„Wie hast du das gemacht?“

Der Kobold berichtete, wie er sich verlaufen, die Astpfeife gefunden und den Drachenschatten bemerkt hatte. Es war immer noch totenstill.

„Was machen wir jetzt?", wollte Akki wissen. „Öffnen wir die Tür und schauen nach? Vielleicht ist der Drache fort-geflogen?"

Behutsam und vorsichtig drückte Bocki die Klinke der Tür runter. Langsam und leise öffnete er sie einen kleinen Spalt und alle drei blickten gemeinsam in das verwüstete Zimmer. Auf dem Bett saß aufgerichtet und starr der türkisfarbene Drache und blickte zur Tür. Aus seinem Maul hing die zerfetzte Bettdecke.

„Der sieht gar nicht so wild und gefährlich aus", sagte Belito leise zu Akki

„Du hast recht. Komm, wir gehen hinein."

Sogleich zwängte sich der Schrat durch den Türspalt.

„Puste noch einmal in deine Pfeife", flüsterte Bocki.

Belito pfiff und der Drache folgte mit seinem Blick aufmerksam den Bewegungen des Kobolds.

„Ich habe eine Idee", sagte Bocki fast ohne Stimme. „Versuch ihn doch mit deiner Pfeife aus dem Zimmer auf den Burghof zu locken. Vielleicht folgt er dir. Ich mache die Tür jetzt ganz weit auf."

Die Holztür knarrte laut. Belito ging rückwärts hinaus, dann die Treppen hinunter. Und tatsächlich folgte der Drache ihm langsam.

„Und was nun?“, wollte Belito wissen. Er hatte wenig Interesse daran mit dem Drachen gleich alleine auf dem Burghof zu stehen.

## Der Turm

„Lock ihn in den Turm! Oben ist ein kleiner Raum. Dort versuchen wir ihn einzusperren."

Der Kobold blickte sich um und entdeckte sogleich den Eingang zum Turm. Er überquerte den Burgplatz und behielt dabei ständig den Drachen im Auge. *Wenn er sich auf mich stürzt, bin ich schneller als er,* dachte Belito. Der Drache hielt jedoch Abstand.

Eine Wendeltreppe führte nach oben. Vorsichtig hüpfte Belito Stufe für Stufe empor. Der Weg kam ihm endlos vor. Als er schließlich die 227 steinernen Treppenstufen geschafft hatte,

versperrte eine massive Holztür sein Weiterkommen. Von unten hörte er die Krallen des Drachens, die über die Steinflächen kratzten, immer näher kommen. Belito sprang auf den Türgriff, doch der bewegte sich nicht. Mit all seiner Kraft stemmte er sich gegen die Tür. Nichts passierte. Auf einmal wurde es ihm bewusst. *Ich sitze in der Falle.* Belito dachte nach. *Schaffe ich es, an dem Drachen vorbeizurennen? Aber was ist, wenn ich stolpere oder von seinen Krallen erwischt werde?*

Der Kobold wurde aus seinen Gedanken gerissen, da der türkisfarbene Drachenkopf vor ihm auftauchte. Voller Angst und Schrecken sprang Belito erneut auf den

Türgriff. Dabei rutschte ihm die Pfeife aus seiner Hand, fiel zu Boden und rollte am Ungeheuer vorbei ein paar Stufen hinunter. *Jetzt habe ich endgültig verloren.* Der Drache ließ die Bettdecke fallen und spitze Zähne kamen zum Vorschein. Belito war wie versteinert. Das Ungeheuer riss sein Maul auf und leckte mit seiner rauen Zunge den Kobold ab. Es kitzelte fürchterlich und Belito begann zu lachen und zu kreischen. Mit seiner Nasenspitze gab der Drache Belito einen sanften Schubs, so dass der Kobold auf dem Kopf des Drachen landete. Dabei öffnete sich die Holztür. Das friedliche Ungeheuer schnappte sich die Bettdecke und stapste in das Turmzimmer. Außer

einem Tisch an der Wand war nichts in dem Raum. Auffällig war nur die niedrige Zimmerdecke. Vor ihnen gab es eine Öffnung, die auf einen kleinen Balkon hinausführte.

Der Drache ließ erneut die Decke fallen, legte sich drauf, rollte sich ein und schloss die Augen. Belito konnte sich nicht halten und rutschte über den Kopf und den Bauch in die Mitte des schlafenden Drachen.

Im selben Augenblick schlichen Bocki und Akki in das Turmzimmer. Bocki hielt einen Strohhalm gefüllt mit einem Schrumpfschratpopel vor seinen Mund. Und Akki war bereit, einen Popel zu

schnipsen. Atemlos blickten sie auf das, was vor ihnen lag.

„Lebst du noch? Geht es dir gut?", flüsterte Akki. „Wir haben dich schreien gehört."

„Ja, mir geht es sehr gut! Und ich glaube, der Drache ist ganz lieb. Kommt doch mal näher!"

Auf leisen Sohlen schlichen sich Akki und Bocki heran. Bocki musste geduckt gehen, da er sich sonst an der steinernen Zimmerdecke gestoßen hätte.

„Schaut mal her!", und Belito begann über den Kopf zu streicheln. Auch der Ritter und der Schrat berührten sanft die Drachenschuppen. Dabei öffnete der

Drache für einen kurzen Augenblick ein Auge.

„Ich glaube, du hast recht!"

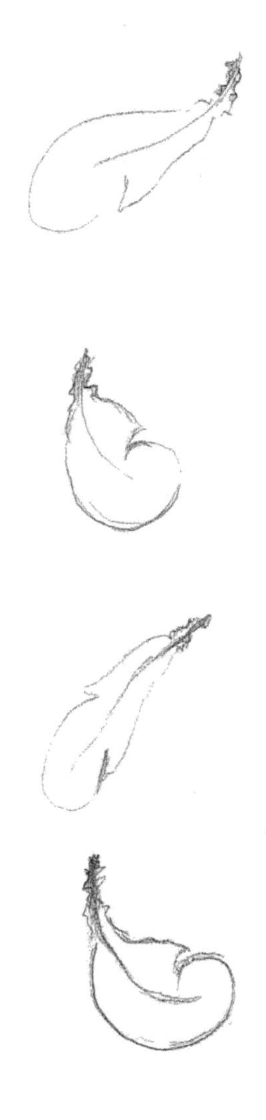

## Aufräumen

„Ob wir irgendwann auf dem Drachen fliegen werden?", überlegte Akki laut. Gleichzeitig sammelte er Federn vom Boden auf. Die Kemenate war kaum wiederzuerkennen. Stofffetzen, Holzsplitter, Federn und Scherben verteilten sich über den Holzboden. Bett und Tisch hatten tiefe Kratzspuren.

„Vielleicht", antwortete Bocki, der zerfetzte Kleidung in einen großen Sack warf.

„Und wie geht es jetzt weiter?", wollte Belito wissen.

„Nun ja, zuerst räumen wir hier zu Ende auf. Dann essen wir bei Agathe Spinate in der Küche eine Kleinigkeit, bevor wir noch einmal in den Turm hinaufsteigen, um nach dem Drachen zu sehen." Behutsam hob Bocki Glasscherben einer Vase auf.

„Hier, nimm du die Drachenpfeife!" Belito warf Bocki die Pfeife entgegen. „Du kannst sie besser gebrauchen als ich."

Für eine kurze Zeit herrschte Stille. „Wie lange bleibe ich wohl noch bei euch?" Der Kobold drehte sich zum Schrat.

„Das kann ich dir leider auch nicht genau sagen. Bei uns Schraten hält das Moosbeerenbonbon einen Tag. Wie das bei einem Kobold ist, weiß ich nicht. Doch bevor du nach Münster zurückkehren wirst, kratzt es im Hals. So ist es zumindest bei uns."

Akki wühlte mit seiner Hand in der Hosentasche und holte zwei rötlich schimmernde Bonbons hervor. „Die solltest du jetzt lieber schon einstecken. So kannst du jederzeit wieder zu uns kommen."

Belito nahm die Beerenbonbons entgegen und steckte sie sogleich in seine Tasche. „Das ist super, danke! Und nächstes Mal gehe ich dann gleich in die Burg."

Die drei fingen an zu lachen.

Nachdem die Kemenate wieder hergerichtet und beide Fenster mit Karton abgeklebt waren, gab es eine köstliche

Mahlzeit in der Küche. Sogar Agathe Spinate traute sich wieder an die frische Luft, nachdem sie fast eine Woche in der Küche geblieben war. Es dämmerte schon, als die drei mit einem Topf, gefüllt mit frischem Fleisch, den Burghof überquerten. Erste Sterne funkelten am Nachthimmel. Plötzlich tauchte oben auf dem Balkon der Drachenkopf auf. Als der Ritter, der Schrat und der Kobold zu ihm hoch schauten, sauste über dem Drachenturm eine Sternschnuppe.

„Unser Drache hat noch gar keinen Namen", bemerkte Belito.

„Du hast recht", sagte Bocki.

„Was haltet ihr von Schnuppe?", wollte Akki wissen.

„Das klingt prima!", waren sich die beiden Anderen schnell einig.

„Dann puste ich jetzt mal in die Schnuppepfeife!" Lachend holte Bocki die Holzpfeife hervor.

Bevor der Ritter hineinblies, stürzte sich Schnuppe auch schon vom Balkon und ließ sich elegant auf den Burgplatz hinunter gleiten. In den letzten Stunden schien der Drache schon wieder gewachsen zu sein. Bocki warf Schnuppe die Fleischstücke entgegen, die der junge Drache gierig verschlang.

## Der Ausflug

„Ich versuche es jetzt!“ Akki ging auf Schnuppe zu.

„Was hast du vor?“, fragte Belito.

„Ich werde jetzt Drachenreiten!“

„Warte, ich komme mit!“ Belito folgte langsam dem Schrat.

Schnuppe senkte seinen Kopf. Er verstand, was die beiden wollten. Zuerst kletterte Akki über den Drachenkopf auf den Rücken, dann Belito.

„Flieg los, mein Freund!“, rief Akki und Schnuppe breitete seine Flügel aus. Belito und Akki hielten sich an den Schuppen fest. Der Drache stieß sich elegant vom

Boden ab und nach ein paar Schwüngen war Bocki nur noch als ein kleiner Punkt auf dem Burghof zu erkennen.

„Wohin fliegen wir?", wollte Belito wissen. Doch er bekam vorerst keine Antwort. Höher und höher stiegen sie, bevor Schnuppe dann wie ein Pfeil nach vorne schoss. Unter sich erkannten sie dunkle Wälder, Berge und Seen und über ihnen funkelten unzählige Sterne.

„Ich glaube, wir fliegen nach Norden!", schrie der Halbschrat gegen den Wind an. „Schau ...", und er streckte seinen linken Arm aus, „... dort ist es noch etwas heller!"

„Was liegt im Norden?"

„Wälder und Berge. Und wenn wir weiter fliegen, kommt irgendwann die Grenze zu Weißrussland."

*Weißrussland,* davon hatte Belito noch nie etwas gehört. Doch bevor er nachfragen

konnte, überflogen sie eine Bergkuppe und Schnuppe stürzte sich in die Tiefe. Mit angelegten Flügeln sausten sie knapp über die Baumspitzen hinweg, talabwärts. Auf einmal tauchte vor ihnen ein kleines Häuschen auf, das schnell größer und größer wurde. Mit aufgerissenen Augen und ängstlichem Blick klammerten sich Akki und Belito fest an dem Drachen. Noch einen Wimpernschlag und Schnuppe würde direkt mit dem Holzhaus zusammenstoßen. Konnte der junge Drache doch noch nicht so gut fliegen? Überraschend ging die Tür auf und Belito schloss die Augen. Im letzten Augenblick gelang es Schnuppe noch eine Kurve zu fliegen. Mit seiner Schwanzspitze prallte er gegen die Tür, die mit einem lauten Krachen aus ihren Angeln gerissen wurde, durch die Luft flog und in viele Teile zersplitterte. Belito und Akki hatten Mühe, sich auf dem Drachenrücken zu halten. Sie schrien laut und ihre Haare wurden wild durcheinander gewirbelt. Dabei löste sich ein Popel aus Akkis Haaren. Schnuppe hingegen schoss nun in die Höhe. Belito öffnete seinen Augen wieder, blickte nach unten und sah die Umrisse einer Frau mit einem spitzen Hut im Türrahmen auftauchen. Wie von einem unsichtbaren Blitz getroffen, wuchs die Gestalt in die Höhe und war schon bald so groß wie die Bäume. Einen Teil des Daches riss die Frau dabei mit sich. Aus

den undeutlichen Umrissen wurde ein klares Gesicht. Das Gesicht einer Hexe mit Falten und einer großen, krummen Nase. Zwei funkelnde, böse blickende Augen sahen nun direkt in die Augen des Kobolds. Belito ahnte, was diese Augen ihm sagten: „Dein Gesicht merke ich mir. Und ich werde euch finden." Für einen Moment schien es, als würde die Zeit still stehen. Doch dann verschwanden die schrecklichen Augen, das Gesicht und die Frau. Schnuppe nahm jetzt Kurs in Richtung Bockiburg. Um sie herum war nun schwarze Nacht. Trotzdem blickte sich Belito häufig um. Hexen kannte er nur aus Erzählungen. Doch alles, was er in diesem kurzen Augenblick sah, erinnerte ihn daran. Und Hexen haben gewöhnlich einen Besen. Darum vergewisserte er sich, dass ihnen niemand folgte. Zweimal erschrak er zutiefst. Beim ersten Mal kreischte ein Vogel in ihrer Nähe. Und beim zweiten Mal schrie wohl ein Luchs unter ihnen im Wald. Er bekam eine Koboldgänsehaut, sonst passierte nichts.

## Zurück

Als sie wieder den festen Boden der Burg unter ihren Füßen hatten, waren Belito und Akki erleichtert. Beide waren sich schnell einig, sobald keinen Ausflug auf dem Drachenrücken mehr zu machen. Auch Schnuppe wirkte erschöpft.

„Vorsicht!", hallte es durch die Burg. Kurze Zeit später gab es einen lauten Knall. Oben auf dem Drachenturmbalkon stand Bocki mit einem Hammer in der Hand und hämmerte kräftig gegen die Steinmauer des Balkons. Mit einem Krachen fielen Steine in den Burghof.

„Was machst du da im Dunkeln?", schrie Akki nach oben.

"Ich baue für Schnuppe eine Start- und Landebahn. So hat er es leichter, in sein Turmzimmer zu kommen."

Schnuppe, der seinen Namen hörte, blickte nach oben. Als er sah, was Bocki machte, flog er empor und krallte sich an der Mauer fest. Mit seinem Schwanz schlug er auf die Mauer ein, so dass sich bald große Stücke lösten.

Auf einmal spürte Belito ein leichtes Kratzen in seinem Hals.

„Ich glaube, ich bin gleich nicht mehr da", sprach er zu Akki. „Hast du eigentlich auch die Hexe gesehen?"

„Welche Hexe? Wovon sprichst du?"

„Die Frau neben der Holzhütte."

„Nein, da habe ich niemanden bemerkt. Ich kann mich nur daran erinnern, dass die Tür aufgegangen ist."

„Vielleicht habe ich das auch nur geträumt", sagte Belito nachdenklich.

„Hast du die beiden Moosbeeren-Bonbons?"

Der Kobold griff in seine Tasche. Doch bevor er antworten konnte, war er zurück in der Fahrrad-Werkstatt. Er fühlte die beiden Bonbons in seiner Hosentasche und drehte sich um. Vor ihm stand, mit beiden Händen in den Hüften, Jubelius und blickte verwundert nach unten.

Ende

OH

Schau dir die Bilder im Buch genau an!

Auf den Bildern taucht ein Gegenstand immer wieder auf.

Worum handelt es sich?

Eine _ _ _ _ _ .

Wie viele sind es?

_ _

Die Lösungen erfährst du im Internet unter www.bockiburg.de

# Weitere Bände

Ausführliche Informationen über den Autor, seine Bücher, Witze und Spielfindet ihr auf

# www.bockiburg.de

FSC
www.fsc.org
MIX
Papier aus verantwortungsvollen Quellen
Paper from responsible sources
FSC® C105338